BEI GRIN MACHT SICH
WISSEN BEZAHLT

- Wir veröffentlichen Ihre Hausarbeit, Bachelor- und Masterarbeit

- Ihr eigenes eBook und Buch - weltweit in allen wichtigen Shops

- Verdienen Sie an jedem Verkauf

Jetzt bei www.GRIN.com hochladen und kostenlos publizieren

Trinus Bußmann

Gestaltung einer Powerpoint-Präsentation mit dem elektrotechnischen Thema „Spannung" unter Einbindung von Verknüpfungen

GRIN Verlag

Bibliografische Information der Deutschen Nationalbibliothek:

Die Deutsche Bibliothek verzeichnet diese Publikation in der Deutschen National-
bibliografie; detaillierte bibliografische Daten sind im Internet über http://dnb.d-
nb.de/ abrufbar.

Impressum:

Copyright © 2010 GRIN Verlag GmbH
Druck und Bindung: Books on Demand GmbH, Norderstedt Germany
ISBN: 978-3-640-80029-2

Dieses Buch bei GRIN:

http://www.grin.com/de/e-book/161568/gestaltung-einer-powerpoint-praesentation-
mit-dem-elektrotechnischen-thema

GRIN - Your knowledge has value

Der GRIN Verlag publiziert seit 1998 wissenschaftliche Arbeiten von Studenten, Hochschullehrern und anderen Akademikern als eBook und gedrucktes Buch. Die Verlagswebsite www.grin.com ist die ideale Plattform zur Veröffentlichung von Hausarbeiten, Abschlussarbeiten, wissenschaftlichen Aufsätzen, Dissertationen und Fachbüchern.

Besuchen Sie uns im Internet:

http://www.grin.com/

http://www.facebook.com/grincom

http://www.twitter.com/grin_com

Unterrichtsentwurf

4. Unterrichtsbesuch (UB I) (Fachleiter/in)   ☐ Prüfungsunterricht I (PU I)

Unterrichtsbesuch (UB II)   ☐ Prüfungsunterricht II (PU II)

Wochentag/Datum/Uhrzeit: Donnerstag   07.10.2010   08.30 – 09.15 Uhr

Studienreferendar/in: Trinus Bußmann

Referendargruppe: 0411

Fachleiter/in (Fachrichtung):

Fachleiter/in (Unterrichtsfach):

PS-Vertreter/in:

Vorsitzende/r (PUI/PUII):

Fachlehrer/in:

Schulleiter/in:

Angaben zur Klasse

- Kurzbezeichnung:

- Ausbildungsberuf/Schulform: Berufsfachschule für Technische Assistentin/ Technischer Assistent
  (BS-Teilzeit,BFS,BGJ,BS,BVJ,FGy,FOS)   für Informatik

- Schülerzahl: 12

- Schule/Ort/Standort: BBS II / Emden / Emden

- Raum: 309

Fachrichtung oder Unterrichtsfach: Elektrotechnik
(Bezeichnung im Seminar)

Unterrichtsfach/Lernfeld: DER: Dokumente erstellen

Unterrichtsgebiet: Powerpoint

Unterrichtsthema: Gestaltung einer Powerpoint-Präsentation mit dem
                                                  elektrotechnischen Thema „Spannung" unter Einbindung von
                                                  Verknüpfungen

Inhaltsverzeichnis

1   Analyse des Bedingungsfeldes

1.1   Angaben zur Lerngruppe

Die BFI1 ist eine Klasse der zweijährigen Vollzeitschulform Berufsfachschule für Technische Assistentin/ Technischer Assistent für Informatik. Die Berufsfachstufe vermittelt eine theoretisch-fachliche und allgemeine Ausbildung. Zudem werden im zweiten Jahr eine praktische Ausbildung von 160 Zeitstunden und ein lernübergreifendes Projekt durchgeführt.

Mit einem Zusatzangebot kann der schulische Teil der Fachhochschulreife erworben werden[1].

Die Schüler befinden sich im ersten Jahr der zweijährigen Ausbildung. Die Klasse setzt sich aus 24 Schülern zusammen. Die Klasse ist in zwei Gruppen zu je 12 Schüler eingeteilt (A und B). Die heutige Stunde findet mit der Gruppe B statt, da der Rechnerraum 12 PCs besitzt. Daher gehe ich auch nur auf die Gruppe B ein. Die altersmäßige Zusammensetzung der Gruppe ist heterogen. Die Altersstruktur reicht von 17 – 23 Jahren (s. Anlage VI).

Schüler wie z.B. x, x, x oder x verfolgen den Unterricht aufmerksam und hinterfragen Themenabschnitte. Sie weisen eine Vielzahl von guten Wortbeiträgen auf und treiben die Gruppenarbeiten voran. Wobei x sehr vorlaut ist. Dies könnte mit seinem Vorwissen zusammen hängen (s. Anlage VI). Andere Schüler wie z.B. x, x oder x beteiligen sich kaum eigeninitiativ am Unterricht. Die geringe Gruppenstärke ermöglicht eine gute Beobachtung und Betreuung der einzelnen Schüler.

1.2   Kompetenzen der Lerngruppe

Fachkompetenz: Die Schüler kennen die Grundelemente der Office-Produkte Word und Powerpoint. Als wesentliche Punkte sind Aufbau und Animationen für die Powerpoint-Präsentation behandelt worden. Die Grundlagen der Elektrotechnik (elektrische Spannung) werden im Lernfeld TPR (Rechner in technische Prozesse einbinden)[2] behandelt. Dadurch sind die Schüler mit dem Basiswissen der elektrischen Spannung vertraut.

Während x, x oder x der Umgang mit der Powerpoint-Präsentationen aufgrund ihrer Vorkenntnisse bereits zu Anfang leichter fiel, konnten auch die Schüler, wie z.B. x und x ihre Kenntnisse verbessern.

Methodenkompetenz: Die Schüler sind unterschiedliche Methoden gewohnt. Sowohl die Einzelarbeit als auch die Gruppenarbeit haben die Schüler durchgeführt. Zudem wurde das Gruppenpuzzle eingeführt. Aus den Erfahrungen der letzten Stunden hat sich gezeigt, dass die Schüler in Gruppenarbeitsphasen mehrheitlich in der Lage sind Aufgaben strukturiert und zielorientiert zu bearbeiten. Sie können die wichtigen Punkte herauskristallisieren und diese visualisieren und präsentieren. Hinsichtlich der Präsentation im Plenum wurden verschiedene Varianten praktiziert. Das Auftreten und Verhalten hat sich bei vielen Schülern schon verbessert, jedoch besteht hier noch Verbesserungsbedarf. Die Schüler haben einen Kundenauftrag einmal durchgeführt (vgl. Anlage IV).

Sozialkompetenz: Es herrscht grundsätzlich eine angenehme Lern- und Arbeitsatmosphäre. Der Umgangston ist freundlich und offen. Im Unterricht ist zu beobachten, dass sich die Schüler gegenseitig akzeptieren und respektieren. Die fachlich stärkeren Schüler unterstützen ihre Mitschüler bei der

---

[1] vgl. www.bbs-emden.de, Stand 10.2010

[2] vgl. Rahmenlehrplan für den berufsfeldbezogenen Lernbereich in der Berufsfachschule, Berufsfeld Technische Assistentin / Technischer Assistent für Informatik, Beschluss der Kultusministerkonferenz (2003), S.14.

Erledigung der Arbeitsaufträge. Allgemein ist bei der Gruppenarbeits- und Präsentationsphase bislang kein unkonzentriertes Verhalten einzelner Schüler zu beobachten gewesen.

1.3   Der Referendar

Ich unterrichte die Klasse BFI1B seit August 2010 mit drei eigenverantwortlichen Wochenstunden. Das Verhältnis zur Klasse empfinde ich als freundlich und entspannt. Ich fühle mich von der Klasse akzeptiert, da ich nicht nur bei selbstständigen Arbeitsphasen als Lehrperson zur Klärung fachlicher Probleme, sondern auch über den Unterricht hinaus um Rat gefragt werde. Meine Kompetenzen zu diesem Unterrichtsgebiet habe ich durch meine Ausbildung erworben. Vertieft wurden die Inhalte durch eigenes Literaturstudium. Unterrichtet habe ich das Thema nur im Rahmen der Makrosequenz (s. Anhang IV).

1.4   Organisatorische Rahmenbedingungen

Die BFI1b wird in Raum 309 unterrichtet. Hier befinden sich 12 Schüler-PCs und ein Lehrer-PC (s. Anlage VII). Über einen Beamer, der an der Decke hängt, werden die Schülerergebnisse dargestellt.

2   Didaktisch Überlegungen

2.1   Analyse der curricularen Vorgaben

Grundlage für die Konzeption dieses Unterrichtes sind die Rahmenrichtlinien für den berufsbezogenen Unterricht in der Berufsfachschule – Technische Assistentin / Technischer Assistent für Informatik (KMK 2003) [3]. Die Inhalte der Makrosequenz (s. Anlage IV) und des heutigen Unterrichtes (s. Anlage III) sind curricular dem Lernfeld „Dokumente erstellen" (DER) zuzuordnen [4]. Dieses Lernfeld hat einen zeitlichen Umfang von 240 Stunden und sollte im ersten Schuljahr laut KMK unterrichtet werden. An der BBS II in Emden wird dieses Lernfeld über beide Jahre behandelt.

Es werden die Inhalte von Powerpoint-Präsentationen vermittelt, welches ich zum heutigen Thema mache. Unter anderem gehören auch Word und Excel dazu.

2.2   Analyse der Thematik

Unter Office-Pakete sind Zusammenstellungen gebräuchlicher Software für Arbeiten im Büro zu verstehen. Diese sollen unterschiedliche dort anfallende Aufgaben erledigen oder zumindest unterstützen.

Definiert man den gefassten Begriff weiter, so werden Einzelplatz-Datenbanken, Programme für die Buchhaltung, E-Mail-Programme, Adressverwaltungen und weitere häufig im Büro verwendetet Programme dazu gezählt.

Die Komponenten der Office-Pakete zeichnen sich in den einzelnen Programmen durch eine eigene Benutzeroberfläche aus [5].

---

[3]vgl. Rahmenlehrplan für den berufsfeldbezogenen Lernbereich in der Berufsfachschule, Berufsfeld Technische Assistentin / Technischer Assistent für Informatik, Beschluss der Kultusministerkonferenz.
[4]vgl. Rahmenlehrplan für den berufsfeldbezogenen Lernbereich in der Berufsfachschule, Berufsfeld Technische Assistentin / Technischer Assistent für Informatik, Beschluss der Kultusministerkonferenz (2003), S.4.
[5] vgl. Philipp, G., (2007). Das Praxis-Buch zu Office. S. 8

Die gebräuchlichsten Anwendungen sind hierbei neben PowerPoint auch Excel und Word welche in dem Fach DER vermittelt werden (s. 2.1.1).

Um die ständig wachsende Informationsflut überschaubarer und verständlicher zu machen, wurden Programme zur Visulisierung dieser Informationen entwickelt. Dazu gehören Geschäftsgrafikprogramme zur grafischen Aufbereitung und Darstellung der Unternehmensdaten, aber auch Programme, mit denen sich alle Arten von Daten – seien es nun Texte, Zahlen, Bilder oder Grafiken – in eine optisch ansprechende Form bringen und dann präsentieren lassen. Powerpoint ist ein solches Präsentationsprogramm[6].

Eine Präsentation enthält eine Folge von Folien, die zur Vorführung eines Themas auf einer Projektwand per Overhead-, Diaprojektor oder Beamer angefertigt wurden. Eine Folie ist ein Blatt im Querformat, auf dem Texte, Tabellen, Abbildungen oder Grafiken angeordnet werden. Weiterhin lässt sich die Darbietung der Folien einer Präsentation zusätzlich durch unterschiedliche Einblende-, Animations- und Multimediadiaeffekte auflockern.

Eine Powerpoint-Präsentation gliedert sich in mehrere Bereiche:

- **Grundregeln:** Weniger ist oft mehr – wenig Text mit einer klaren Gliederung
- **Die Vorlage:** Die Folien brauchen ein identisches Grundmuster, damit sich ein roter Faden durch die Präsentation zieht. Der Hintergrund sollte ein Hintergrund bleiben
- **Die Gestaltung:** Seiten nicht zur sehr überfüllen. Gestaltung hängt vom Thema und vom Betrachter ab. Farbwahl sollte mit dem Thema harmonisieren. Eine Powerpoint sollte über einen *Hyperlink* zu anderen Seiten zugängig sein
- **Bildelemente:** Diagramme und Bilder sollten informieren
- **Die Schrift:** Möglichst groß und in der gleichen Schriftart schreiben
- **Die Effekte:** Die Effekte sollten angemessen und nicht im Rampenlicht der Präsentation stehen. Musik und bewegte Bilder können eine Powerpoint-Präsentation sinnvoll ergänzen und aufwerten. Die Toneffekte sollten sparsam eingesetzt werden
- **Kontrolle:** Fertige Präsentation kontrollieren auf Richtigkeit (Ablauf und Rechtschreibung) und ob diese von jedem Platz aus gut sichtbar ist

Die Gestaltung einer Powerpoint-Präsentation sollte immer über *Hyperlinks* erfolgen. *Hyperlinks* bauen eine direkte Verbindung mit dem definierten Objekt auf. Durch Drücken dieser wird auf die Seite gewechselt. Eine Verlinkung (Hyperlink) in derselben Präsentation erfolgt sehr häufig. Durch eventuelles Nachfragen der Zuhörer ist hiermit ein direkter Sprung auf bestimmte Themen der Präsentation gegeben.

Es gibt verschiedene Möglichkeiten einen Hyperlink zu kreieren:

- Zu einer Folie in derselben Präsentation
- Zu einer Folie in einer anderen Präsentation
- Zu einer E-Mail-Adresse
- Zu einer Seite oder Datei im Web
- Zu einer neuen Datei

---

[6] vgl. Aretz, H (2007). *Office 2007 S.25/26*

Das Erstellen eines *Hyperlinks* zu einer Folie in derselben Präsentation kann über diesen Weg realisiert werden.

- Erstellen einen Buttons.

- Rechte Maustaste. Klicken auf den Button Hyperlink
- Jetzt öffnet sich das Fenster **Hyperlink** einfügen
- In diesem Fenster kann die Auswahl getroffen werden
- Durch drücken auf **Link zu Aktuelles Dokument** und einer beliebigen **Folie** ist die Verbindung dargestellt
- Durch betätigen des **OK Buttons** ist der *Hyperlink* erstellt
- Dieser kann in der laufenden Präsentation durch drücken ausprobiert werden

2.3   Auswahl- und Reduktionsentscheidungen

Die in dieser Makrosequenz zu bearbeitenden Inhalte der „Powerpoint-Präsentation" (PP) bilden die Grundlagen für ein im zweiten Schuljahr in der BFI durchzuführendes Projekt. In diesem Unterricht sollen die Schüler als Handlungsziel eine einfache Powerpoint-Präsentation mit dem Thema „elektrische Spannung" selbständig entwerfen, präsentieren und diese durch Hyperlinks erweitern. Die ausgewählte Lernsituation stellt dabei einen für die spätere Berufstätigkeit relevanten Kundenauftrag dar. Die Vorgehensweise nach dem Prinzip der vollständigen Handlung soll das in den Rahmenrichtlinien geforderte „Lernen für Handeln" und „Lernen durch Handeln" unterstützen[7]. Ich habe mich für einen bekannten Inhalt als Thema der PP aus einem anderen Lernfeld (TPR)[8] entschieden. In dieser Stunde ist die Gestaltung und Umstrukturierung durch Hyperlinks in einer PP wichtig und nicht das Erlernen vom Inhalt des Themas. Gewisse Punkte für das Gestalten der PP sind vorgegeben, da der Zeitrahmen sonst hierfür nicht ausreichen würde[9]. Dies ist auch der Grund warum die Schüler zu zweit arbeiten. Über die Präsentation und geschickte Fragestellung meinerseits stelle ich die Problematik dar. Die Schüler sollen merken, das durch Nachfragen vom Plenum oder in diesem Fall durch meine Fragen ein gleichzeitiger Wechsel auf eine vorherige Seite ein riesen Aufwand ist. Dieser kann durch eine Verlinkung vereinfacht werden. Hierdurch wird meiner Meinung nach die Wichtigkeit einer Verlinkung konkret nachvollziehbar und verständlich, da man hierdurch eine direkte Verbindung zu ausgewählten Seiten bekommt.

Durch die Vorgabe auf dem Arbeitsblatt II lernen die Schüler drei wesentliche Dinge. Zum einen das es einen Hilfsbutton gibt, wo sie diesen finden und wie man damit arbeitet[10]. Das Arbeiten mit dem Erstellen von Hyperlink auf eine andere Seite ist eingegrenzt, um die Schüler nicht nur mit dem Probieren von Verlinkungen zu beschäftigen, sondern auch das Umstrukturieren der eigenen PP. Ich habe mich für die Zusatzaufgabe[11] entschieden, falls einige Schülergruppen fertig sein sollten. Dadurch versuche ich die Schüler individuell zu fördern. Mein Fokus wird in dieser Stunde nicht exemplarisch

---

[7] vgl. KMK 2003, S. 2
[8] s. 1.2
[9] s. Anlage IX
[10] s. Anlage X
[11] s. Anlage X

4

auf die Präsentation gelegt, sondern auf das Verlinken der Powerpoint-Präsentation. Dieses würde die Schüler sonst überfordern.

3   Lernerfolgskontrolle

Die Lernziele lassen sich in den Präsentationsphasen zum Einen anhand der Erläuterungen der Schüler und zum Anderen durch gezielte Fragen meinerseits kontrollieren. Eine weitere Kontrollmöglichkeit ist die Beobachtung der Schüler während der Arbeitsphasen.

Darüber hinaus wird eine Klassenarbeit bzw. ein Kundenauftrag für die gesamte Makrosequenz geplant, sodass mit den erreichten Noten ebenfalls Rückschlüsse auf den Lernerfolg möglich sind.

4   Anlagen

Anlage I: Quellenangabe

<u>Fachbücher:</u>

Aretz, H., Gäbler, R., Mersin, T., Pfeiffer, H., (2007). *Office 2007* Verlag Data Becker

Brandt, F., Kapelle, N., Nickisch, G., (2008). *T@ke it Kernqualifikationen für IT-Berufe* Verlag Handwerk und Technik

Brudermanns, B., Tiemeyer, E. (2007). *Computerpraxis Schritt für Schritt.* Verlag Europa Lehrmittel

Philipp, G., Mersin, T., Pfeiffer, H., (2007). *Das Praxis-Buch zu Office.* Verlag Data Becker

Richter, C.; Meyer, R. (2004). *Lernsituationen gestalten -Berufsfeld Elektrotechnik.* Troisdorf: Bildungsverlag EINS

Tkotz, K., Bastian, P., Bumiller, M., Burgmaier, M., Eichler, W., Käppel, T., Klee, W., Kober, K., Manderla, J., Schwarz, J., Spielvogel, O., Winter, U., Ziegler, K., (2008). *Fachkunde Elektrotechnik.* Verlag Europa Lehrmittel, Haan Gruiten.

Rahmenlehrplan für den Ausbildungsberuf Technische Assistentin/ Technischer Assistent für Informatik von 2003

<u>Seminarunterlagen:</u>

UE (2010), *Unterrichtsentwurf UBI*, Studienseminar Oldenburg. [Online PDF]
Infomappe von Herrn Stulken (Fachseminar Elektrotechnik)

<u>Internetadressen:</u>

http://www.bbs2-emden.de Stand 01.10.2010

Anlage II: Erklärung

Ich versichere, dass ich den Unterricht selbstständig vorbereitet und bei Anfertigung des Entwurfs keine anderen als die angegebenen Hilfsmittel benutzt habe. Die Stellen des Entwurfs, die im Wortlaut oder im wesentlichen Inhalt anderen Quellen entnommen worden sind, habe ich mit genauer Quellenangabe kenntlich gemacht.

Aurich, 05.10.2010

_____   _____
Ort, Datum   Unterschrift

Anlage III: Geplanter Unterrichtsverlauf

Unterrichtsphase/ -schritte	Sozial- und Aktions- formen	Medien
Einstieg/ Informieren I L. begrüßt die Schüler und stellt den Stundenverlauf (s. Anlage V) vor (Struktur und Transparenz für die heutige Stunde) • L. legt Kundenauftrag auf (s. Anlage VIII) • S. liest den Kundenauftrag vor • L. bittet S. den Arbeitsauftrag mit eigenen Worten wiederzugeben	UG, ST	• Flipchart • OHP • Anlage V • Anlage VII • Anlage VIII
Planen I • L. teilt die Gruppen durch Zuweisung heterogen ein • L. verteilt den Kundenauftrag und Aufgabenblatt I an die Schüler (s. Anlage VIII, IX)	UG, ST	• Flipchart • Anlage V • Anlage VIII • Anlage IX
Entscheiden I/ Ausführen I • S. bearbeiten das Aufgabenblatt I des Kundenauftrags (s. Anlage IX)	ST, GA	• Flipchart • Anlage IX
Beginn des Unterrichtsbesuches um 8.30 Uhr während der Arbeitsphase		
S. fast für den Besuch chronologisch die ersten 45 min zusammen		
Präsentationsphase I (Kontrollieren/ Auswerten) • S. präsentieren ihre Ergebnisse • L. stellt Kontrollfragen zu den Details des Programms. Dabei werden die Fragen bevorzugt an die Leistungsschwächeren gerichtet	SPrä, UG	• Flipchart • Anlage IX • Schülerlösung • Beamer
Planen II (Problematisierung) • L. stellt Fragen an die S., wie man in der PowerPoint hin- und her springen kann. • S. nennen *Verlinkung der einzelnen Seiten* • L. teilt den Arbeitsauftrag II aus (s. Anhang X)	UG, ST	• Flipchart • OHP • Anlage X
Ausführen II • S. bearbeiten Arbeitsauftrag II (s. Anhang X)	ST, GA	• Flipchart • Anlage X
Präsentationsphase II/ Ergebnissicherung • S. stellen dem Plenum ihre Ergebnisse von Arbeitsauftrag II (s. Anhang X) vor. • L. stellt Kontrollfragen zu den Details. Dabei werden die Fragen bevorzugt an die Leistungsschwächeren gerichtet • S. halten alle Ergebnisse auf ihren Arbeitsblättern fest. Nach jeder Präsentation haben die S. Zeit sich die Ergebnisse zu notieren • L. gibt Ausblick auf die nächste Stunde **Abbruch möglich während der Präsentationen**	ST, SPrä	• Flipchart, • Anlage X • Schülerlösung • Beamer

Legende: Sozialformen: GA = Gruppenarbeit **Aktionsformen**: UG = Unterrichtsgespräch,
SPrä = Schülerpräsentation, ST = Schülertätigkeit, **Medien:** AB = Aufgabenblatt, OHP = Overheadprojektor
S. = Schüler/innen, L.= Lehrer
FBD = Funktions-Block-Diagramm

Trinus/Bußmann

Anlage IV: Makrostruktur

Lerngebiet / Lernfeld: DER – Dokumente erstellen
Thema der Makrosequenz / Lernsituation: Das Erstellen von Powerpoint-Präsentationen
Ausgangsfall / komplexe Ausgangssituation: Kundenauftrag anhand von einer Powerpoint-Präsentation darstellen und diese mit einer Verlinkung erweitern

Datum/Stunde	1./2.	3./4.	5./6.	7./8.	9./10.
Thema	Ersten Einstieg in das Erstellen einer Powerpoint-Präsentation	Powerpoint-Präsentation über die eigene Person erstellen und diese dem Plenum präsentieren	Präsentieren der erstellten Powerpoint	Umsetzung eines Kundenauftrages	Umsetzung eines Kundenauftrages mit Einbindung von Hyperlinks
Phase der Lernhandlung	I,A,K,B	I,A	K,B	I,P,E,A,K,B	I,P,E,A,K,B
Unterrichtsinhalte	Einteilen in das Gruppenpuzzle Themen: • Oberfläche bearbeiten • Starten einer Powerpoint • Hintergrundbilder	S. erstellen eine Powerpoint-Präsentation mit bestimmten vorgegebenen Regeln	S. präsentieren ihre Präsentation und bekommen ein Feedback von Schüler und Lehrer	Problemstellung • Verschiedene Animationen einbinden	Erstellen einer Powerpoint mit dem Thema elektrische Spannung • Präsentieren der Ergebnisse • Hyperlink einbinden kennen lernen • Einbinden in die PP • Präsentieren der PP und das Einbinden der Hyperlinks
Methodische Hinweise und Sozialformen	GP	EA	SPrä, Plenum	SPrä, GA	SPrä, GA
Medien	Stundenverlaufsplan (SVP), Flipchart, Beamer, Laptop	Stundenverlaufsplan (SVP), Flipchart, Beamer, Laptop	Stundenverlaufsplan (SVP), Flipchart, Beamer, Laptop	Stundenverlaufsplan (SVP), Flipchart, Beamer, Laptop	Stundenverlaufsplan (SVP), Flipchart, Beamer, Laptop

Abkürzungen:
Phasen des Lernhandelns: I= Information, P= Planung, E= Entscheidung, A= Ausführen, K= Kontrolle, B= Bewerten
Sozialformen: Plenum, GA= Gruppenarbeit, PA = Partnerarbeit, EA = Einzelarbeit, GP = Gruppenpuzzle
Aktionsformen: SPrä = Schülerpräsentation
Medien: SVP = Stundenverlaufsplan, PP = Powerpoint-Präsentation

Anlage V: Stundenverlauf (Stellwand)

Stundenverlauf:
Thema: Gestaltung einer Powerpoint-Präsentation mit dem elektrotechnischen
Thema „Spannung" unter Einbindung von Verknüpfungen
* Begrüßung

* Stundenablauf

* Information

* Arbeitsauftrag 1 (Powerpoint-Präsentation: elektrische Spannung)

  → Präsentation
* Arbeitsauftrag 2 (Erweiterung der Powerpoint-Präsentation)

  → Präsentation
* Ergebnissicherung

Analge VI: Klassendaten

Schüler		Mündliche Einschätzung	Schulabschluss	Alter
		+	AH	23
		0	SI	22
		0	SI	18
		0	SI	18
		+	EI	18
		0	SI	22
		0	SI	17
		0	SI	18
		-	SI	20
		0	SI	19
		-	EI	20
		+	SI	17

Bewertung der mündlichen Leistung: (+)   -   sehr gut bis gut
                                       (0)   -   gut bis befriedigend
                                       (–)   -   befriedigend bis ausreichend

Schulabschlüsse: AH   -   Abitur (allgemeine Hochschulreife)
                                       EI   -   erweiterter Realschulabschluss (Sek II)
                                       SI   -   normaler Realschlussabschluss (Sek I)

Anlage VII: Sitzplan

Sitzplan Raum 309

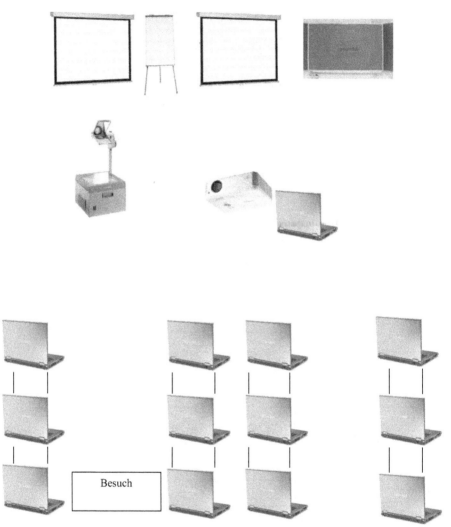

Anlage VIII: Kundenauftrag

Trinus Bußmann
Musterstr. 7
12345 Musterhausen

Peter Power
Ausbildungsstr. 2
77777 Ausbildungshausen

Präsentation von elektrotechnischen Grundlagen - Spannung

Sehr geehrter Herr Bußmann,

wir haben neue Auszubildende bekommen und diese sollen einen ersten Einblick in elektrotechnische Grundlagen bezüglich Spannung erhalten.

Ich bitte Sie mit ihrer Berufsfachschule dieses Thema zu behandeln, darzustellen und dieses zu präsentieren.

Mit freundlichen Grüßen

PETER POWER

Anlage IX: Aufgabenblatt 1

BFI1B		
Thema: Powerpoint		**Berufsbildende Schulen**  **Emden**
Lernfeld: DER	**Datum:**	Steinweg 25 Tel.: (0 49 21) 87 40 00 e-mail: info@bbs2-emden.de
Lehrer: Trinus Bußmann	7.10.2010	26721 Emden Fax (0 49 21) 87 40 04 internet: www. bbs2-emden.de

Arbeitsauftrag I:

Erstellen   einer   Powerpoint-Präsentation   mit   dem   Thema
elektrische Spannung:

Folgende Punkte sind in der Powerpoint-Gestaltung zu beachten:

- Max. 5 Seiten
- Die wesentlichen Punkte von der elektrischen Spannung
- Es sollten Animationen enthalten sein
- Eine Gliederung sollte zur Orientierung dargestellt werden
- Die Powerpoint solle auf jeder Seite den gleichen Kopf haben

Die Powerpoint soll im Anschluss präsentiert werden.
Die Ergebnisse sollen auf einen USB-Stick gespeichert werden.
Führt Zwischenspeicherungen durch.

Arbeitszeit bis 8:35 Uhr

Anlage X: Aufgabenblatt 2

BFI1B		Berufsbildende Schulen Emden
Thema: Powerpoint		
Lernfeld: DER	**Datum:**	Steinweg 25 Tel: (0 49 21) 87 40 00 e-mail: info@bbs2-emden.de
Lehrer: Trinus Bußmann	**7.10.2010**	26721 Emden Fax (0 49 21) 87 40 04 internet www bbs2-emden de

Arbeitsauftrag II:

Macht euch mit dem Thema „Hyperlink von einzelnen Seiten" vertraut.

Benutzt hierfür die Hilfe von Microsoft Office Power-Point.
Diesen Button findet ihr oben rechts in der Symbolleiste.
Gebt den Begriff *Hyperlink* ein.

Tragt die Vorgehensweise zum Erstellen von **Hyperlinks** ein:
* …………………………………..
* …………………………………..
* …………………………………..
* …………………………………..

Ändert die Powerpoint-Präsentation (Spannung)

Verlinkt die Seiten so, dass
* man durch drücken auf den Button zur nächsten Seite gelangt
* man mit einem zweiten Button zur vorherigen Seite klicken kann.

Zusatz: Wer damit fertig ist, kann einen Button erstellen, womit man von jeder Seite aus zurück zur Startseite kommt.

Präsentiert der Klasse euer Ergebnis
1. Präsentation (Spannung)
2. Erstellen von Hyperlinks

Arbeitszeit 15 min bis ..:.. Uhr

www.ingramcontent.com/pod-product-compliance
Lightning Source LLC
LaVergne TN
LVHW042323060326
832902LV00010B/1703